BEI GRIN MACHT SICH IHR WISSEN BEZAHLT

- Wir veröffentlichen Ihre Hausarbeit, Bachelor- und Masterarbeit

- Ihr eigenes eBook und Buch - weltweit in allen wichtigen Shops

- Verdienen Sie an jedem Verkauf

Jetzt bei www.GRIN.com hochladen und kostenlos publizieren

Bibliografische Information der Deutschen Nationalbibliothek:

Die Deutsche Bibliothek verzeichnet diese Publikation in der Deutschen National-bibliografie; detaillierte bibliografische Daten sind im Internet über http://dnb.d-nb.de/ abrufbar.

Dieses Werk sowie alle darin enthaltenen einzelnen Beiträge und Abbildungen sind urheberrechtlich geschützt. Jede Verwertung, die nicht ausdrücklich vom Urheberrechtsschutz zugelassen ist, bedarf der vorherigen Zustimmung des Verlages. Das gilt insbesondere für Vervielfältigungen, Bearbeitungen, Übersetzungen, Mikroverfilmungen, Auswertungen durch Datenbanken und für die Einspeicherung und Verarbeitung in elektronische Systeme. Alle Rechte, auch die des auszugsweisen Nachdrucks, der fotomechanischen Wiedergabe (einschließlich Mikrokopie) sowie der Auswertung durch Datenbanken oder ähnliche Einrichtungen, vorbehalten.

Impressum:

Copyright © 2009 GRIN Verlag, Open Publishing GmbH
Druck und Bindung: Books on Demand GmbH, Norderstedt Germany
ISBN: 9783640456819

Dieses Buch bei GRIN:

http://www.grin.com/de/e-book/135121/warum-ist-der-autoritative-erziehungsstil-erfolgreicher-als-andere

Silvia Himmelseher

Warum ist der autoritative Erziehungsstil erfolgreicher als andere?

Erziehung unter den Gesichtspunkten Moral, Delinquenz und Kreativität

GRIN Verlag

GRIN - Your knowledge has value

Der GRIN Verlag publiziert seit 1998 wissenschaftliche Arbeiten von Studenten, Hochschullehrern und anderen Akademikern als eBook und gedrucktes Buch. Die Verlagswebsite www.grin.com ist die ideale Plattform zur Veröffentlichung von Hausarbeiten, Abschlussarbeiten, wissenschaftlichen Aufsätzen, Dissertationen und Fachbüchern.

Besuchen Sie uns im Internet:

http://www.grin.com/

http://www.facebook.com/grincom

http://www.twitter.com/grin_com

IMPULSE E.V.

Schule für freie Gesundheitsberufe

Rubensstraße 20a

42329 Wuppertal

Warum ist der autoritative Erziehungsstil erfolgreicher als andere?

Fernstudium zum Psychologischen Berater

21.02.2009

Silvia Himmelseher

Inhaltsverzeichnis

1 Einleitung

Die Erziehung scheint in der heutigen Zeit weit wichtiger denn je, um Werte und Normen an Kinder weiterzugeben. Es gibt Regeln in unserer Gesellschaft, die das Zusammenleben ermöglichen. Diese Regeln sollten eingehalten werden, um ein soziales Chaos in unserer Umwelt zu vermeiden. Es gibt unterschiedliche Methoden der Erziehung, und man sollte sich für die bestmögliche entscheiden. Dadurch gibt man den Kindern eine Hilfestellung zum Erlernen der Normen und Werte. Die Praktiken der Erziehung hängen von verschiedenen Umweltfaktoren und Kulturen der Gesellschaft ab. Sie sind maßgeblich von der Einstellung der Erziehenden, doch auch vom Temperament des Kindes abhängig. Kinder sind die Zukunft, und ein Großteil von Heranwachsenden bringen wenig Perspektiven dafür mit. Um den Schwierigkeiten gewachsen zu sein, müssen Eltern, Vater oder Mutter ein ganz besonderes Augenmerk darauf legen, dass man sich mit der Erziehung schon frühzeitig auseinandersetzt und sich auch immer wieder reflektiert. Die Methoden der Sozialisation eines Menschen setzen Wissen und Information voraus. Wissenschaftliche Erkenntnisse und die Möglichkeiten dies in die Praxis zu übernehmen, sollte das Ziel sein die positive und zugewandte Interaktion zwischen Kind und Eltern so zu fördern, dass optimale Voraussetzungen geschaffen werden.

Die Abschlussarbeit zum psychologischen Berater beschäftigt sich deshalb mit dem Thema „elterliche Erziehungsstile". In der Berufspraxis als psychologischer Berater ist es äußerst wichtig, bei auftretenden Problemen mit Klienten zwischen den Erziehungsstilen und ihren Auswirkungen differenzieren zu können, um eine fachliche Beratung durchzuführen.

Es wird zuerst der historische Hintergrund beleuchtet, denn frühe Ansätze führen auf Methoden hin, die sich besonders bewährt haben, wie z.B. der autoritative Erziehungsstil. Die Erklärung des Wortes „autoritativ" und die Herkunft werden in einem der nächsten Kapitel folgen. Die Beschreibung der verschiedenen Erziehungsstile sowie die Wirkungen zielen auf das Ergebnis dieser Abschlussarbeit. Als nächsten Schritt werden einige fundierte wissenschaftliche Beispiele zu den einzelnen Erziehungsstilen recherchiert und interpretiert. Der Schlussteil fasst meine persönlichen Eindrücke und Erkenntnisse der empirischen Untersuchungen zusammen.

2 Historischer Zeitbogen und frühe Ansätze

2.1 Erziehung im Wandel

Die Erziehung hatte bis ins 18. Jahrhundert eine untergeordnete Rolle. Kinder waren kleine Erwachsene, die je nach Gesellschaftsschicht oft zur Arbeit gezwungen wurden. Eltern vermittelten kaum Wärme und Emotionalität, es zählten ausschließlich Strenge und Gehorsam. Nach dem Zeitalter der Aufklärung kam nach und nach eine andere Denkweise des Erziehungsverhaltens auf. Die Kinderarbeit war rückläufig, und die Kindheit wurde als Lebensabschnitt betrachtet. Nun prägten preußische Verhältnisse die Heranwachsenden. Es galt gottes- und obrigkeitswürdige Menschen zu erziehen, im Zweifelsfall mit körperlicher Gewalt. Gegen Ende des 19. Jahrhunderts kam die Reformpädagogik auf. Es war die Zeit der Auflehnung namhafter Pädagogen wie Pestalozzi, Montessori und Neill. Sie betrachteten das Kind als Individuum, um es zu achten und seine Kreativität zu fördern. Neill war Gründer des bekannten Internats „Summerhill" in Großbritannien (vgl. Heidenfelder, 2007). Die Selbsttätigkeit, das freie Gespräch und das Lernen durch Handeln waren markante Ziele von Neill. Mit dem Nationalsozialismus verschwand die Reformpädagogik leider wieder von der Bildfläche. Es wurde erneut absoluter Gehorsam verlangt, und körperliche Gewalt an Kindern war wieder eine gängige Maßnahme, um die Interessen der Erwachsenen durchzusetzen. Diese Zeit prägte maßgeblich die weiteren Schritte der 68er-Bewegung. Es wurde das Experiment gestartet Kindern möglichst viel Freiraum zu verschaffen und wenig bis gar nicht einzugreifen. Man achtete auf Kritikfähigkeit zur Lösung von Problemen und freute sich über die grenzenlosen Aktionen des Nachwuchses. Das war ohne Zweifel eine Rebellion an autoritäre Strukturen und im Prinzip der Vorreiter unserer heutigen demokratischen Erziehungsmethode, die sich durch Regeln und Grenzen vom antiautoritären Stil unterscheidet.

2.2 Frühe Ansätze

In Europa haben die empirischen Untersuchungen in der Entwicklung für die Erziehungsstilforschung in der Zeit von 1962 und 1972 von 217 auf 1177 Artikel stetig zugenommen. Insbesondere ab 1970 kann man eine explosive Zunahme von Publikationen erkennen.

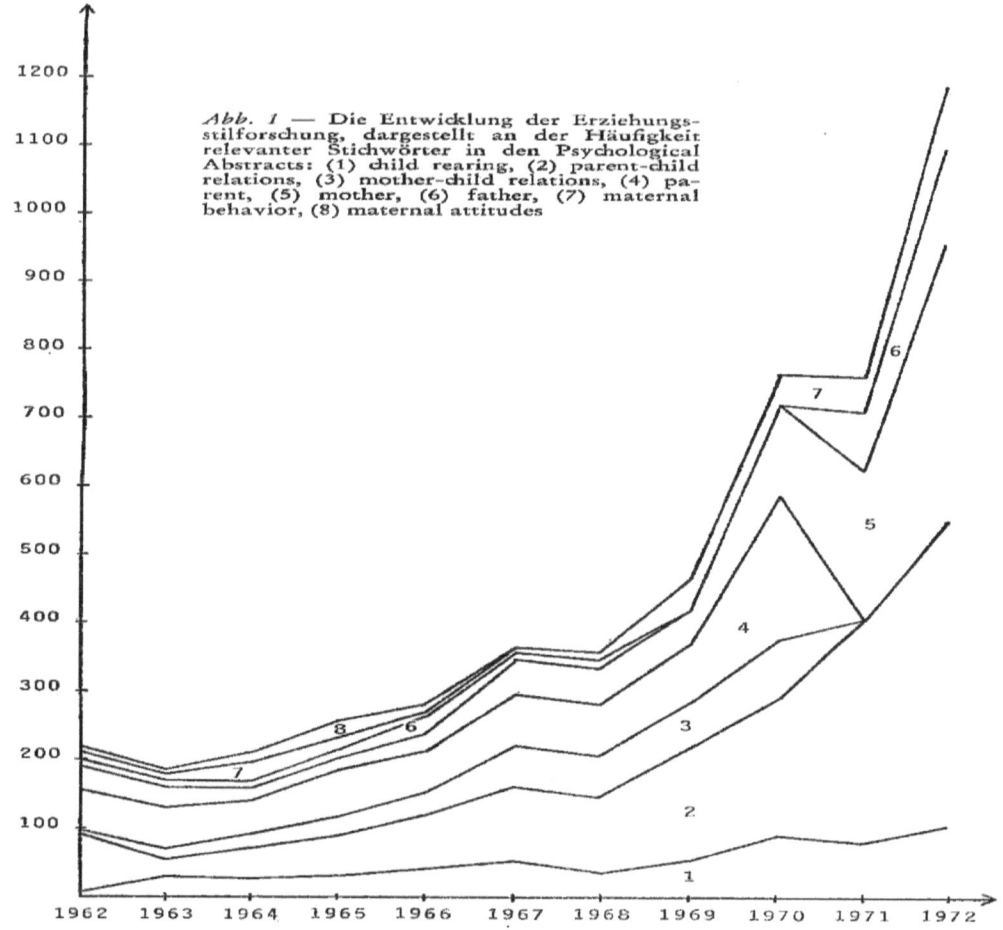

Abb. 1 — Die Entwicklung der Erziehungsstilforschung, dargestellt an der Häufigkeit relevanter Stichwörter in den Psychological Abstracts: (1) child rearing, (2) parent-child relations, (3) mother-child relations, (4) parent, (5) mother, (6) father, (7) maternal behavior, (8) maternal attitudes

(vgl. Lukesch 1975,S. 9)

Offensichtlich sind das Interesse und auch die Notwendigkeit über die Auswirkungen von erzieherischem Handeln ständig gewachsen. Die veränderte Erziehungseinstellung durch den gesellschaftlichen Wandel von Werte und Normen treibt diese Forschung weiter voran. Es sind nicht mehr die Werte und Normen wie Gehorsam, Fleiß und Höflichkeit, sondern Selbstständigkeit, soziale Kompetenz und eigene Meinung, die in unserer Bevölkerung gefordert und gefördert werden.

Die Typologien der Erziehungsstile grenzte man in den frühen 70ern in Europa noch nicht einheitlich ab. Es wird von „elterlicher Wärme" und von Zurückweisung gesprochen, auch werden die Worte „Gebotsorientierung und Verbotsorientierung"

5

verwendet. Die gebotsorientierten Eltern bekräftigen ihre Kinder positiv, Verbotsorientierte üben Strenge aus (vgl. Stapf, Herrmann, Stapf, & Stäcker 1972, S.23-35), worauf später näher eingegangen wird.

Nach jahrelanger Forschung definierte die federführende amerikanische Entwicklungspsychologin Diana Baumrind aus Berkeley in Kalifornien schon in den 60er Jahren die drei typischen Erziehungsstile: autoritativ, autoritär und permissiv. Es dauerte einige Zeit, bis auch in Europa diese Erziehungsstildefinitionen übernommen wurde. Diese spielen heute noch, wenn auch in angepasster Form, eine wesentliche Rolle.

Die empirischen Untersuchungen aus dieser Zeit haben in der westlichen Welt heute noch Gültigkeit, und es ist eindeutig eine Tendenz zu erkennen, die zeigt, dass die zugewandte, unterstützende und wertschätzende Erziehung mehr Vorteile als Nachteile bringt.

3 Aktueller Stand der Forschung

Die Wichtigkeit der Weiterentwicklung der Erziehungsforschung war durch die veränderten Verhältnisse der Gesellschaft – von der Dressur zur Akzeptanz des Individuums Kind – vorgegeben. Mütter und Ehefrauen emanzipierten sich und gingen teilweise wieder arbeiten, die Scheidungen nahmen und nehmen zu, Patchwork-Familien sowie Alleinerziehende haben ihre Berechtigung bekommen.

Es war dringend notwendig, dass man sich mit den Erziehungsstilmethoden weiter befasste und differenzierte. Maccoby & Martin haben 1983 deshalb Baumrinds Typologie der Erziehungsstile ergänzt, indem sie den permissiven Erziehungsstil unterteilten. Der permissive Stil wird aufgegliedert in einen *nachgiebig erziehenden Stil* und in eine *vernachlässigende* Erziehung (vgl. Hoppe-Graff 2008, S. 853). Baumrind hat später in den 90er Jahren diese Aufteilung ebenfalls übernommen und nach weiteren Forschungsarbeiten noch genauer dargestellt. Allerdings waren veschiedene Autoren nicht der gleichen Meinung wie Baumrind. Sie haben zwei Grunddimensionen festgelegt. Und zwar Liebe/Zuwendung vs. Feindseligkeit/Abwendung und Lenkung/Kontrolle vs. Autonomie/Selbstständigkeit. Aus dieser Kombination entstanden nach Maccoby & Martin vier Typen elterlicher

Erziehung. Baumrind hat 1990 weitere Studien, aufbauend auf die von Maccoby & Martin, angelegt (vgl.Hoppe-Graff 2008, S. 853).

Nach Glen Elder (vgl. Elder, 1962) gibt es noch andere Studien, in denen er versuchte die vier Haupterziehungsstile nach Baumrind zu untergliedern: Der absolut strenge autokratische, vor dem autoritären Stil, der partnerschaftliche Egalitäre, der zwischen dem autoritativen und permissiven Stil liegt. Den Schluss bildet der negierende Erziehungsstil und ist somit der Stil, bei dem überhaupt kein Interesse am Kind vorhanden ist.

autokratisch autoritär autoritativ egalitär permissiv vernachlässigend negierend

In der Zwischenzeit gibt es unzählige Einzelstudien der unterschiedlichen Fachbereiche, wie z.B. in der Erziehungspsychologie, der Erziehungswissenschaft oder der Soziologie. Es werden aber wenig systematische Bezüge zwischen diesen Fachbereichen hergestellt, sodass im Moment keine übergreifenden Ergebnisse vorliegen (vgl.Cyprian & Franger 1997, S. 217-221). Die Auswirkungen der Erziehungsstile sind derzeit weitgehendst erforscht, jedoch fehlt es noch an zusammenhängenden Ergebnissen in der Anwendung.

4   Erziehungsstile und ihre Auswirkungen

Man geht davon aus, dass die Persönlichkeitsentwicklung des Kindes in der Erziehung zum größten Teil von der Einstellung, Handlungsweise und der nonverbalen Kommunikation der Erziehenden gekennzeichnet ist. Doch nicht nur der Erziehungsstil während der Sozialisation prägt die Entwicklung eines Kindes, großen Einfluss für die Persönlichkeit hat auch die Wechselwirkung mit seinem sozialen Umfeld. Die genetischen Komponenten müssen ebenfalls berücksichtigt werden. Unproblematische, gut lernende Kinder sind einfacher zu erziehen, als auffällige, überaktive oder z.B. behinderte Kinder. Die Erziehungsstile, die für die westliche Welt gelten, treffen nicht auf andere Kulturen zu. Diese haben andere Normen und Werte. Auch die Religion spielt in der Erziehung eine wesentliche Rolle, die Normen und Werte fest beinhaltet.

Psychologen haben versucht die verschiedenen Erziehungsstile auch auf ihre Auswirkungen hin auszuwerten. Die Bewertungen der verschiedenen Stile fallen sehr unterschiedlich aus machen aber deutlich, dass eine lenkende Methode und emotionale Wärme in der Erziehung die erfolgreicheren Ergebnisse in der Auswirkung mit sich bringen.

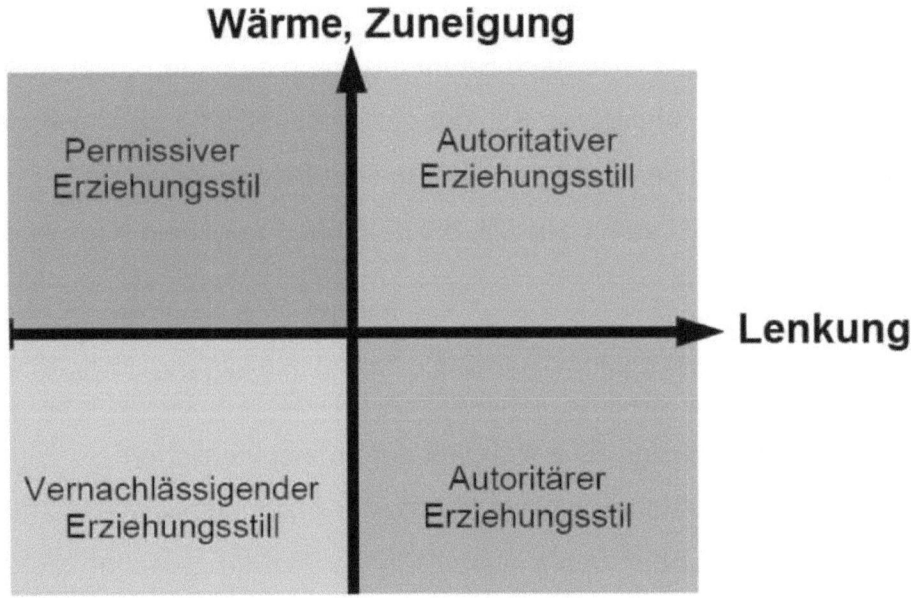

Grafik: Erziehungsstile nach Lenkung und Wärme (vgl. Paul Mathiess, 2008)

Die Faktoren der Bewertungen sind Folgende:

- Ausmaß an Wertschätzung und Akzeptanz
- Anforderungen und Erwartungen
- Zuwendung und emotionale Wärme
- Unterstützung
- Aufgeschlossenheit und Offenheit
- Führung und Lenkung

4.1 Definition von autoritativ

Ursprünglich wurde der Begriff „autoritativ" von der amerikanischen Psychologin Diana Baumrind übernommen. Um den Begriff „autoritativ" vorwegnehmend zu erläutern, nennt der Duden gute Beispiele für weitere ähnliche Wortgebungen, wie zum Beispiel:

ausschlaggebend, entscheidend, maßgebend, *richtungsweisend,* tonangebend, wegweisend.

Sehr treffend beschreibt das Synonym „richtungsweisend" den autoritativen Erziehungsstil. Die Erziehungsstilrichtung wird vorgegeben und findet in einem gewissen Rahmen statt. Er weist auf verschiedene Möglichkeiten hin und schafft somit einen Spielraum. Die Wortsilbe „weisend" vermittelt keinen Zwang, sondern ein sanftes Führen in einer gelenkten Bahn.

4.2 Autoritativer Erziehungsstil: *„Freiheit in Grenzen"*

Der autoritative Stil zeichnet sich dadurch aus, dass zwischen den Eltern und dem Kind eine enge Beziehung besteht. Es wird mit sehr viel Lob und Ermutigung erzogen. Es ist ein gebotsorientierter Erziehungsstil mit positiven Verstärkern (vgl. Stapf, Herrmann, Stapf, & Stäcker 1972, S.31-37). Vater und Mutter sind ihren Kindern gegenüber sehr offen, bringen ein hohes Maß an emotionaler Wärme auf und zeigen sich liebevoll dem Kind zugewandt. Gleichzeitig haben die Eltern hohe Erwartungen an ihre Kinder, lassen ihnen aber im Gegenzug dafür viel Freiheit mit klar gesetzten fairen Regeln. Die Grenzen werden konsequent und altersgerecht gesetzt. Ein Fehlverhalten eines Kindes wird mit guten Begründungen erklärt und das Kind darf seinen eigenen Standpunkt ebenfalls darlegen. In der älteren Literatur findet man oft auch den Begriff „demokratischer Erziehungsstil".

4.2.1 Auswirkungen

Die Auswirkungen des autoritativen Erziehungsstils wirken sich positiv auf schulische Kompetenzen aus. Es gibt gute und beliebte Schüler unter ihnen, die überaus lernbereit sind (vgl.Stapf, Herrmann, Stapf, & Stäcker 1972, S.135-143). Die psychosozialen Kompetenzen sind auf dem höchsten Entwicklungsstand. Nach Baumrinds Untersuchungen weisen Mädchen ein hohes Ausmaß an Unabhängigkeit aus und Jungen verfügen über ein überdurchschnittliches soziales Verantwortungsbewusstsein (vgl. Zumkley- Münkel 1994,S.188). Als Unabhängigkeit der Mädchen wurde gesehen, dass sie sich illegalen Autoritäten gegenüber nicht fügten, sondern Widerstand leisteten. Die Jungen wiederum waren sehr freundlich zu ihren Mitschülern und sehr kooperativ. Autoritative Eltern fördern zudem Selbstvertrauen und Selbstständigkeit. Die positiven Eigenschaften, die dieser Erziehungsstil hervorbringt, nennt man das „Cleverheitssyndrom" (vgl. Stapf, Herrmann, Stapf, & Stäcker 1972, S.45). Durch sehr viel Unterstützung der Eltern können gebotsorientierte Individuen heranwachsen. Die Verhaltensauffälligkeiten wie antisoziales Verhalten, Straftaten oder Disziplinschwierigkeiten in der Schule sind minimiert. Auch treten psychische Verhaltensdefizite (Depressionen, Angstzustände, psychosomatische Symptome) seltener auf als in anderen Erziehungsstilen. Die positive Lebenseinstellung begünstigt, dass Alkohol- und Drogenmissbrauch kaum zu verzeichnen ist.

Auch unter schwierigen familiären Bedingungen oder Umständen beobachtet man beim autoritativen Stil ein reduziertes unangepasstes Verhalten der zu Erziehenden.

4.3 Autoritärer Erziehungsstil: *„Grenzen ohne Freiheit"*

Autoritäre Eltern üben sehr viel Macht aus und fordern absoluten Gehorsam. Sie geben ihren Kindern wenig Freiheit. Gleichzeitig haben die Erziehenden die ständige Kontrolle über das Kind. Sie verwenden positive Verstärker äußerst sparsam, dafür bestrafen sie ihre Kinder häufig, auch mit körperlicher Züchtigung. Die kindliche Beteiligung hat keine Bedeutung, es wird nichts erklärt oder begründet. Es ist eine sehr nüchterne, kühle Erziehung, um nicht zu sagen, eine vom Kind abgewandte Verhaltensweise.

4.3.1 Auswirkungen

Die Heranwachsenden der autoritären Methode weisen wenig Selbstvertrauen und soziale Kompetenzen auf, sind ängstlicher als aus gebotsorientierten Erziehungsstilen und ihre Ja-Sage-Tendenz liegt weit höher. Sie sind weniger kritisch, um unangenehme Situationen zu vermeiden und leisten keinen Widerspruch. Diese Kinder sind nicht unabhängig, sondern sehr elternbezogen oder ordnen sich sehr schnell anderen Autoritäten unter. Das hat zur Folge, dass der Zukunftsoptimismus eingedämmt wird. Es handelt sich hier um das „Bravheits-Syndrom". Sie übertreten selten Verbote und gehen kaum ein Risiko ein (vgl. Stapf, Herrmann, Stapf, & Stäcker 1972, S.45). Sekundär betrachtet kann es auch zu einem Aufbegehren kommen, das zu Straffälligkeiten führen kann. Die Ursache dafür ist das negative Selbstbild (vgl. Stapf, Herrmann, Stapf, & Stäcker 1972, S.116-131). Dadurch neigen sie leicht zum Drogenmissbrauch und zum antisozialen Verhalten (vgl. Lukesch 1975, S.120).

4.4 Permissiver Erziehungsstil: *"Freiheit ohne Grenzen"*

Hier verlangen Eltern sehr wenig von ihren Kindern und sind sehr nachgiebig. Die Erwartungshaltung an die zu Erziehenden steht nicht im Vordergrund. Vater und Mutter lenken und strukturieren kaum und sind sehr liberal. Regeln werden oft nicht durchgesetzt und die Eltern sind inkonsequent. Doch sind sie durchaus ihren Sprösslingen zugewandt und vermitteln emotionale Wärme. Vater und Mutter gehen liebevoll und kindgerecht auf den Nachwuchs ein. Die Kinder haben enorm viel Freiheit und die Erzieher haben Vertrauen in die Selbstverantwortlichkeit ihrer Kinder.

4.4.1 Auswirkungen

Untersuchungen haben gezeigt, dass dieser Stil nachteilige Wirkungen auf schulische Leistungen und andere Probleme in der Schule mit sich bringt. Die Impulskontrolle ist gering und dadurch nimmt das Aggressionsverhalten zu (vgl. Stapf, Herrmann, Stapf, & Stäcker 1972, 44). Die Identitätsentwicklung verzögert sich. Die Orientierung an Peer-Groups nimmt zu, und es kann unter Umständen zu einer erhöhten Devianz kommen, die wiederum durch eine erhöhte Kontrolle eingeschränkt werden könnte, aber in diesem Erziehungsstil nicht erfolgt (vgl. Lukesch1975, S. 120). Die Bereitschaft im späteren Berufsleben Führungspositionen zu übernehmen ist gering, da ein Mangel an Selbstverantwortungsgefühl vorhanden ist. Bemerkenswert ist jedoch, dass es den Jugendlichen nicht an Selbstbewusstsein mangelt, da sie sehr selbstständig handeln können.

4.5 Vernachlässigender Erziehungsstil

Der vernachlässigende Erziehungsstil ist die Steigerung vom nachgiebigen Erziehungsstil. Die Eltern sind unbeteiligt und dem Nachwuchs emotional abgewandt. Die Anforderungen an das Kind sind sehr gering. Oft werden schon die Kleinsten sich selbst überlassen. Es werden auch jegliche Bestrafungen vermieden, da keine Kontrolle oder Bewertung stattfindet.

Dieses Verhalten kommt häufig vor, wenn Eltern mit eigenen Problemen beschäftigt sind oder sich überfordert fühlen regulierend einzugreifen. Das Erziehen empfinden sie als eine lästige Pflicht. Man könnte diesen Erziehungsstil auch „laissez-faire" nennen, was soviel heißt wie „lasst machen".

4.5.1 Auswirkungen

Die Auswirkungen sind bedenklich. Es treten Störungen in der Bindungsqualität zwischen Eltern und Kind auf. Auch im weiteren Leben kann das Bindungsverhalten des Kindes im Zusammenleben in der Gemeinschaft Schwierigkeiten bereiten. Das Selbstwertgefühl, das unter anderem vom mangelnden Selbstkonzept abhängig ist, ist stark dezimiert. Die Identität und das Wissen über sich selbst sind verzerrt oder gestört. Die intellektuelle Entwicklung kann heftig beeinträchtigt sein, sodass schulische Schwierigkeiten nicht ausbleiben (vgl. Lukesch 1975, S.64-71). Der geringe Grad an Selbstkontrolle und der Mangel an Aggressionskontrolle führen häufig zu Straftaten (vgl. Lukesch 1975, S.121).

5 Erziehung unter den Gesichtspunkten Moral, Delinquenz und Kreativität

Aus den obigen Ausführungen und Belegen kann man eindeutig erkennen, dass der autoritative Erziehungsstil gegenüber den anderen Methoden mehr Vorteile mit sich bringt. Die Kinder, die diesen Stil erfahren dürfen, sind weit voraus und erzielen gute Ergebnisse in unserer Gesellschaft. Das Familienleben läuft weit harmonischer und stressfreier vonstatten. Die Erziehung als solche ist jedoch wesentlich intensiver und anstrengender für die erziehenden Eltern. Anhand von namhaften Autoren und deren Untersuchungen werden noch präzisere Belege dafür gefunden, dass sich die Hypothese, „warum [.] der autoritative Erziehungsstil erfolgreicher [ist] als andere", verifiziert werden kann.

5.1 Vergleich unter dem moralischen Aspekt

Betrachtet man die Erziehungsstile unter dem moralischen Aspekt wie Hoffmann und Salzstein, sodass Induktion, Machtausübung oder Liebesentzug die Grundformen der Erziehung darstellen (vgl. Montada 1994, S.325, 326), findet man positive Ergebnisse im Hinblick auf den autoritativen Erziehungsstil.

Die Induktion findet beim autoritativen und annähernd auch beim permissiven Erziehungsstil Anwendung. Die Erfolge der Eltern, die durch ihre Zugewandtheit und ihr Verständnis reagieren, dabei gleichzeitig ihren Kindern Spielraum für eigene Gedanken und Überlegungen gewähren, führen zur gewünschten humanistisch-flexiblen Moral. Bei der Induktion wird durch Einsicht des Kindes das gewünschte Verhalten erreicht. Die Eltern gehen mit sehr viel Empathie auf ihre Kinder ein und versuchen die Beweggründe des Fehlverhaltens mit einzubeziehen.

Konträr dazu ist beim autoritären Stil die Machtausübung klar gekennzeichnet durch ein gewaltsames Durchsetzen von Forderungen. Diese können auch mit körperlicher Strafe erzwungen werden. Dadurch werden Ängste und große emotionale Gefühle beim Kind ausgelöst. Die Auswirkungen sind, dass das Kind die auferlegten Regeln nur aus Angst einhält, aber nicht aus Überzeugung. Diese Erziehungspraktik kommt bei autoritär orientierten Eltern häufig vor. Sie verhindert erheblich die Internalisation, also die Verinnerlichung oder Einsicht. Es kommt dadurch oft zu einer Reaktanz des Nachwuchses, die die Situation noch erschwert, da die Eltern stark zur Punitivität (mit belastenden Sanktionen reagieren) neigen.

Den Liebesentzug als Bestrafung einzusetzen beängstigt Kinder ebenfalls. Sie fühlen sich hilflos und verlassen. Normen und Regeln werden nur eingehalten, um die Mutter oder den Vater freundlich zu stimmen. Dies kann eine gängige Gegenstrategie werden, die aber nicht zu einer Einsicht des Fehlverhaltens führt (vgl. Montada1994, S 326). Um auf die Praktik des Liebesentzuges in der Erziehung zu kommen, ist diese Methode dem autoritären und dem vernachlässigenden Erziehungsstil zuzuordnen. Diese beiden Stile sind nicht dem Kind zugewandt und der Liebesentzug ist ein kontinuierlicher Zustand, der auch bei den Erziehenden zu einer konventionellen Moral ausartet. Es wird damit der Gehorsam erzwungen, wodurch Strafangst auch beendet werden kann.

5.1.1 Fazit
Weder Machtausübung noch Liebesentzug stellen eine vernünftige bewährte Erziehungsmethode dar. Beide Methoden richten fatale Folgen beim Kind an und müssen strikt überdacht werden. Die dazugehörigen Erziehungsstile, der autoritäre und der vernachlässigende, sollten daher kritisch betrachtet werden.

5.2 Elterlicher Erziehungsstil unter Betrachtung der Delinquenz
Elternpaare, die inkonsistent sind in ihrer eigenen Haltung und in der Paarbeziehung, können eine Gefahr für ihre Kinder in Bezug auf delinquente Verhaltensweisen sein. Die Eltern sind sehr sporadisch in ihrem Erziehungsmuster. Der Wechsel zwischen Straffreudigkeit und Nachlässigkeit, sowie Verwöhnung und Härte ist sehr sprunghaft. Auch haben diese Erziehenden wenig empathische Fähigkeiten sich ihren Kindern gegenüber tatsachenorientiert zu verhalten (vgl. Seitz 1975, S. 199,120). Entweder wird die Kontrolle sehr zwanghaft ausgeführt oder das Gegenteil ist der Fall. Es werden Schuldgefühle erzeugt, die durch übertriebene Liebeszuwendung hervorgerufen werden. Diese Liebeszuwendungen kann man nicht als authentisch bezeichnen. Sie sind nur Mittel zum Zweck. Die fehlende Unterstützung, die ablehnende Haltung, die nichtvorhandene emotionale Wärme, die oft mit fehlender Wertschätzung für das Kind verknüpft wird, wirkt Delinquenz fördernd. Nach Ergebnissen von Mc Cord & Mc Cord kann man noch differenzierend

erörtern, dass Väter für die allgemeine Deliquenzneigung verantwortlich sind, doch die Persönlichkeit der Mutter für die Auswirkung auf die Wahl des Typus der Straftat (vgl. Seitz 1975, S.122).

5.2.1 Fazit

Abschließend zu den Recherchen der Delinquenzentwicklung bei Kindern und Jugendlichen muss darauf hingewiesen werden, dass die Einordnung in einen bestimmten Erziehungsstil sehr schwierig ist. In Frage kommen alle Erziehungsstile, bei denen die Eltern dem Kind nicht zugewandt sind und kein Verständnis für ihre Kinder aufbringen. Auch streng erzogene Kinder neigen zur Delinquenz. Aber auch die Vernachlässigung im Sinne grenzenlose Freiheit kann sich ungünstig auf die Kinder auswirken. Es bleibt positiv zu bewerten, dass Eltern des autoritativen Stiles wenig zu befürchten haben in Bezug auf Delinquenzgefährdung ihrer Kinder, da ihre Grundhaltung zur Erziehung andere Voraussetzungen mitbringen, wie in der Ausführung unter 5.1 und 5.1.1 zu lesen ist.

5.3   Kreativität in Abhängigkeit von elterlichem Erziehungsstil

In der Ausarbeitung von Krause (vgl. Krause 1975, S. 150-157) wurden Väter und Mütter in Abhängigkeit ihrer hoch- und niedrigkreativen Kinder im Zusammenhang mit der Ängstlichkeit des Kindes bewertet.

5.3.1 Väterliche Einschätzung

So stellt sich heraus, dass die Väter der niedrigkreativen in ihrer Elternrolle sehr unzufrieden sind und ihre Kinder für schlecht erzogen halten. Im Gegensatz dazu sind die Väter der hochkreativen Kinder mit ihrem Erziehungsverhalten und in der Elternrolle sehr zufrieden. Sie fühlen sich als streng und kontrollierend im positiven Sinne, dem Kind zugewandt.

5.3.2 Mütterliche Einschätzung

Am mütterlichen Erziehungsstil kann man erkennen, dass bei hochkreativen Kindern ganz unterschiedliche Stile zu unterscheiden sind. Das hängt von der generellen Ängstlichkeit des Kindes ab. Mütter von hochängstlichen-hochkreativen Kindern sind unzufrieden in ihrer Elternrolle, verlangen ausgeprägten Gehorsam, schützen und fördern kaum, trotzdem zeigen sie keine offene Aggressivität dem Kind gegenüber. Jedoch wird die Mutter in ihrer Selbsteinschätzung mit ihrem Kind gut fertig. Mütter der niedrigängstlichen-hochkreativen Kinder sind auf extrem wenig Gehorsam bedacht. Sie sind in ihrer Wahrnehmung beschützend und besorgt und interessieren sich für die Tätigkeiten ihres Nachwuchses. Doch können sie auch aggressiv werden und begründen dies mit einer Unzufriedenheit in ihrer Elternrolle mit dem Kind nicht fertig zu werden und sind deshalb sehr freigiebig bzw. nachgiebig, doch auch sehr aufopfernd und bringen das dem Kind auch nahe.

5.3.3 Fazit

Aus dieser Studie lässt sich kein abzugrenzender Erziehungsstil erkennen. Die zuordnungsfähigen Faktoren sind nicht genau definiert und lassen sich nicht präzise erkennen. Man müsste auch noch exakter untersuchen, welcher Erziehungseinfluss, der von Mutter oder Vater, dominiert. Trotzdem ist eine positive Tendenz zu verzeichnen. Die zugewandten, interessierten Eltern erzeugen beim Kind wenig Ängstlichkeit und motivieren sie zur Kreativität. Sie sind sehr emotional und zeigen auch ihren Unmut. Das wiederum macht die Eltern einschätzbar und menschlich. Es erzeugt einen Spannungsbogen, der zu Diskussionen anregt und zum aktiven Nachdenken Mut macht. Es kommt eine gewisse Aktivität zustande, die man zur Fantasie benötigt.

6 Abschließende Bemerkungen

„Zwei Dinge sollen Kinder von ihren Eltern bekommen: Wurzeln und Flügel." Dieses weise Sprichwort spiegelt überaus zutreffend die Erwartung an die elterliche Erziehung. Bei Eltern, die ihren Kindern Wärme und Akzeptanz entgegen bringen, entwickeln sich diese in unserer Gesellschaft besser, als die autoritär oder vernachlässigend Erzogenen. Der autoritative und der permissive Stil unterscheiden sich maßgeblich in der Kontrolle und Lenkung in der Erziehung. Der autoritative Stil ist daher nicht der bequeme Stil. Es wird im positiven Sinne Kontrolle ausgeübt. Man könnte auch sagen, es handelt sich um eine stetige Beaufsichtigung der Kinder, dadurch wird Vertrauen aufgebaut, das wiederum führt zu Freiräumen für die Kinder. Er erfordert ein Maß an Eigendisziplin an die Erziehenden. Man zeigt ständig Interesse am Kind. Er zeichnet sich durch eine strukturierte und kontinuierliche Rahmenbedingung aus. Das bedeutet, dass die Regeln und Grenzen bezugnehmend auf das Fehlverhalten eingehend und gut überdacht sind. Die Kinder werden mit in die Regelungen eingegliedert, um ein Mitspracherecht zu praktizieren. Dieser Erziehungsstil entspricht einer demokratischen Auffassung, die auch gelebt wird. Nach diesen Ergebnissen fällt die Beantwortung der Frage „*Warum ist der autoritative Erziehungsstil erfolgreicher als andere?*" leicht.

Der autoritative Erziehungsstil ist deshalb erfolgreicher als andere, weil die Bedürfnisse der Kinder besser erfüllt werden, als mit anderen Methoden. Kinder kommen auf die Welt und müssen sich mit den Spielregeln der Erwachsenen zurechtfinden, das heißt sie müssen sehr viel lernen, beobachten und Erwartungen erfüllen, die in erster Linie Eltern und das soziale Umfeld an sie stellen. Um diesen Aufgaben gewachsen zu sein, sollten Eltern ein Familienklima schaffen, dass es Kindern leicht ermöglicht ihre Umwelt mitzugestalten, als wertgeschätztes und geachtetes Individuum. Heranwachsenden, deren Kindheit bis zur Adoleszenz so *richtungsweisend* wie möglich gestaltet wird, haben sehr gute Chancen in unserer Gesellschaft ohne große Probleme zurechtzukommen. Es sind zufriedene, unternehmenslustige, selbstbewusste, offene und unabhängige Menschen, die sich durch ihre sozialen Kompetenzen empathisch anderen Menschen und auch andere Kulturen gegenüberstellen. Es sind lebenstüchtige sowie kritische Persönlichkeiten, die ihre Meinung zum Ausdruck bringen können. Sie haben gelernt, dass sie akzeptiert sind, und das stärkt das Selbstbewusstsein in hohem Maße. Autoritative Eltern haben die Grenzen ihrer Kinder liebevoll umsteckt. Die Welt ist voller

Abenteuer, und gerade junge Geschöpfe müssen ihre Erfahrungen machen. Erfahrungen können auch Gefahren für das Kind bedeuten oder auch für andere, deshalb wird das Kind warmherzig auf sein Fehlerhaften aufmerksam gemacht, und die Regeln werden begründet und erörtert, soweit das altersgerecht möglich erscheint. Es gibt aber auch Extremsituationen, in denen man manchmal anders handelt als man möchte. Das trifft bei sehr großer Gefahr zu, z.B. ein Kind will ungeachtet der herankommenden Autos über die Straße rennen. In der panischen Situation reagiert man anders auf sein Kind als in einer ruhigen Situation. Das ist authentisch und man kann das seinem Nachwuchs unverblümt vermitteln. Entscheidend sind die Gespräche, die nach einer überreagierenden Situation nicht ausbleiben dürfen. Man sieht schon an diesem Beispiel, dass es sehr schwer ist eine reine Form eines Erziehungsstils aufrechtzuerhalten, doch muss eine durchgängige Tendenz und eine Kontinuität spürbar sein. Ein ambivalenter Erziehungsstil trägt dazu bei, dass Kinder die Erwachsenen für unglaubwürdig halten und Misstrauen die Eltern-Kind-Beziehung stört. Ähnliche Auswirkungen kann man beim permissiven bzw. beim vernachlässigenden Erziehungsstil wiederfinden. Es gibt natürlich noch weitere Nuancen von Erziehungsstilen, die schon erwähnt wurden. In der psychologischen Beratung kann man jedoch durch Befragung von Eltern und Kinder auf die vier wichtigsten Gruppierungen rückschließen, um sich ein Bild von einer Familie und deren Erziehungsstil machen zu können.

6.1 Ausblick

Aktuell gibt es qualifizierte Angebote von Elterntrainings, die von verschiedenen Institutionen angeboten werden. Ich würde allen unsicheren Eltern in meiner Beratung empfehlen, solche Kurse zu besuchen, um den autoritativen Erziehungsstil kennenzulernen und seine Vorzüge zu initialisieren. Adolf Timm, ehemaliger Studienleiter in der Lehrerausbildung und Prof. Dr. Klaus Hurrelmann, Koordinator der Shell Jugendstudien propagieren in der „Stuttgarter Zeitung" vom 30.12.08, dass der autoritative Erziehungsstil allen anderen vorzuziehen ist, da er Strafen durch logische Konsequenzen ersetzt und das Lernen fördert. Sie bieten ein Erziehungsprogramm für Eltern an, die eine bildungsfördernde Erziehungsumwelt aufzubauen beabsichtigt. Das baden-württembergische Kultusministerium begrüßt diese Weiterentwicklung und unterstützt neue Ideen. Unsere Gesellschaft ist auf dem besten Wege zu einer positiven Veränderung in der pädagogischen Psychologie, und man kann aus der Wissenschaft vieles erlernen und übernehmen.

7 Literaturverzeichnis

Cyprian, G., & Franger, G. (1997). Kritische Bestandsaufnahme der sozialwissenschaftlichen Forschung. In *Familie und Erziehung in Deutschland* (Bd. 2. Auflage 1997). Stuttgart: Kohlhammer.

Elder, G. H. (1962). Structural variations in the child rearing relationship. *Sociometry*, *25*, S. 241-262.

Heidenfelder, C. (16. 4 2007). *Planet Wissen*. Abgerufen am 21. 2 2009 von http://www.planet-wissen.de/pw/Artikel,,,,,,,2DC1EF2F6D5624E9E0440003BA5E0921,,,,,,,,,,,,,,.html

Hoppe-Graff, S. (2008). Pädagogisch Psychologie: Übersicht und ausgewählte Themen. In *Myers Psychologie* (Bd. 2. Auflage). Heidelberg: SpringerMedizin Verlag.

Krause, R. (1975). Kreativität, elterliche Erziehungsstile und Perzeption des Elternverhaltens durch Kinder. In H. Lukesch, *Auswirkung elterlicher Erziehungsstile* (S. 150-157). Göttingen: Hogrefe.

Lukesch, H. (1975). Erziehungsstile als abhängige und unahängige Variable. In H. Lukesch, *Auswirkung elterlicher Erziehungsstile*. Göttingen: Hogrefe.

Matthies, P. (2. 11 2008). *http://de.wikipedia.org/wiki/Erziehungsstil*. Abgerufen am 21. 2 2009 von http://de.wikipedia.org/wiki/Erziehungsstil

Montada, L. (1994). Die Sozialisation von Moral. In *Enzyklopädie der Psychologie* (S. 325,326). Göttingen: Hogrefe .

Seitz, W. (1975). Erziehungshintergrund jugendlicher Delinquenz. In H. Lukesch, *Auswirkungen elterlicher Erziehungsstile* (S. 119-123). Göttingen : Hogrefe.

Stapf, K. H., Herrmann, T., Stapf, A., & Stäcker, K. (1972). In *Psychologie des elterlichen Erziehungsstils*. Bern: Hans Huber.

Zumkley- Münkel, C. (1994). Empirische Untersuchungen zur autoritativen Erziehung und ihren Sozialisationswirkungen. In *Erziehung aus Sicht des Kindes*. Münster/New York: Waxmann.

BEI GRIN MACHT SICH IHR
WISSEN BEZAHLT

- Wir veröffentlichen Ihre Hausarbeit,
  Bachelor- und Masterarbeit

- Ihr eigenes eBook und Buch -
  weltweit in allen wichtigen Shops

- Verdienen Sie an jedem Verkauf

Jetzt bei www.GRIN.com hochladen
und kostenlos publizieren